AF250702

AUX ARMÉES.

AUX ARMÉES.

IL FUT : QUE SERA-T-IL ? ET QUELLE PEUT ÊTRE A L'AVENIR SON INFLUENCE DANS LE MONDE POLITIQUE ?

VIVE LE ROI !

> Quand les actions des hommes sont en opposition avec l'honneur, la justice et l'équité, elles tournent à leur honte comme à leur désavantage.

Par A. M. J. DELARUE,

Marquis de Renel, Comte de M***, Membre de plusieurs Sociétés littéraires.

A PARIS,

CHEZ
- MAUGERET, Imp.-Libraire, faub. St-Martin, n. 38 ;
- LENORMANT, rue de Seine, n°. 8 ;
- DENTU, Palais-Royal ;
- EYMERY, rue Mazarine, n°. 30 ;
- FAYOLLE, rue Saint-Honoré, n°. 284.

M DCCC XIV.

AUX ARMÉES.

IL FUT : QUE SERA-T-IL ? ET QUELLE PEUT ÊTRE A L'AVENIR SON INFLUENCE DANS LE MONDE POLITIQUE ?

VIVE LE ROI !

L E colosse est abattu. Peut-il se relever? Non. Le hasard l'avait placé sur le trône : son ambition l'en a précipité. Depuis plusieurs années il avait séparé sa cause de celle des peuples, il avait oublié qu'un Roi ne peut être digne du trône, et le conserver, qu'en unissant sés efforts à ceux du peuple, qui, en le nommant son chef, ne veut cependant pas être victime de sa tyrannie, ou le jouet de ses caprices. Il ne pouvait donc plus raisonnablement compter sur un dévouement que l'amour séul inspire : il était juste d'abandonner dans sa mauvaise fortune, celui qui ne trouvait dans sa prospérité qu'un moyen plus facile d'oppression.

Il reste à Napoléon quelques partisans. Certains personnages croient encore à la nouvelle inauguration de leur idole ; ils voudraient en faire un dieu : c'est une sorte de fanatisme qui les y rattache, car ceux qui paraissent ses plus chauds partisans, le détestent mortellement ; et leurs intérêts froissés, leurs espérances déchues sont plutôt le motif qui, dans leur rage impuissante, leur fait préférer l'embrâsement de l'univers à l'abolition de son culte, qu'un véritable attachement à l'homme qui profitait de leur aveuglement pour les faire servir à son ambition. Leurs vœux sont inutiles. Ces cruels ennemis de l'ordre ont trop longtemps pensé que tout devait céder à leur volonté, à leur haine, à leur vengeance ; le délire a cessé ; cette fièvre brûlante qui nous dévorait tous est enfin calmée, et nous n'avons plus que le souvenir des maux que nous avons soufferts, sans la crainte de les voir reparaître. Les descendans de Henri IV sont au milieu de nous ; ils ont hérité de toutes ses vertus : notre bonheur est assuré.

Mais la secousse qui a bouleversé tout l'ouvrage d'un règne gigantesque, a été si rapide, qu'à peine avons-nous eu le temps de nous reconnaître : nous n'avons écouté que les premières sensations du moment, et quelques personnes blessées dans leur amour-propre, contrariées également dans leurs espérances de gloire ou de fortune, regrettent des sacrifices qu'un ambitieux avait arraché à notre crédulité. Sont-ils excusables ? Oui : car leurs regrets ne tiennent qu'à ce qu'ils ne sont pas encore en état de peser toutes les considération qui doivent nous consoler et nous rassurer. Mais dépouillés de toute prévention, et quand ils voudront participer aux bienfaits que leur promet une paix aussi solide qu'honorable, ils reconnaîtront avec indignation qu'ils n'étaient que la dupe d'un homme dont le charlatanisme devait expirer, et qui ne pouvait longtemps conserver un sceptre dont il fit un si pernicieux usage ; parce que son élévation était en politique et en morale une monstruosité, et que dans l'ordre social aussi bien que dans la nature, tout ce qui est en opposition avec l'honneur, la probité, la justice, ne saurait longtemps durer.

Les admirateurs d'un règne fécond en phénomènes, et qui ne pouvait se conserver qu'à la faveur de nouveaux prodiges, se sont laissés séduire par un faux éclat de force et de grandeur qu'imprimait à tout ce qui émanait de lui un homme plus extraordinaire par son audace et ses crimes que par ses vertus, ses institutions et ses lois. En s'attachant à sa fortune, ils croyaient tenir un câble, et ne tenaient qu'un roseau. Il s'est rompu : cela devait être. L'édifice, que Napoléon construisait avec tant de hâte, ne pouvait avoir de solidité : les bâses en étaient mauvaises; et ce monument de l'orgueil et de la vanité humaine, établi sur un foyer volcanique, devait par une irruption prochaine être renversé de fond en comble, et ne laisser aucune trace de son existence. Tous ces vains prestiges qui l'environnaient, qui nous fascinaient les yeux, qui nous ôtaient même jusqu'à la faculté de penser, sont disparus avec cet édifice et celui qui l'élevait: le mépris seul est maintenant ce que des hommes qui ont été abusés peuvent accorder à celui qui, leur faisant partager son délire, les vit bientôt donner, à son exemple, dans le gigantesque, l'extraordinaire et l'extravagant; qui les fit se jeter comme lui, par principes, dans tous les extrêmes, dans tous les périls, et qui, à force de temps et un peu de fortune, aurait sans doute obtenu la ruine du monde, en s'ensevelissant lui-même avec nous sous ses débris.

Un autre motif de leurs regrets, c'est l'abandon de nos conquêtes. Ils pensent que l'orgueil national doit en être blessé, et ils s'en plaignent. Hélas ! ce ne sont pas des humiliations que nous avons à dévorer, comme ils le craignent; nos conquêtes nous étaient à charge, inutiles : ce sont des maux, des sacrifices en pure perte que nous avons à pleurer.

Mais cet entraînement de destruction a eu un terme : il fallait que toutes les puissances de la terre reprissent une attitude imposante. Leur trône ébranlé menaçait de s'écrouler ; la sécurité des peuples était troublée. C'est alors que l'esprit national a repris toute sa force et sa vigueur ; nos voisins surent acquérir cette portion d'énergie que nous perdions chaque jour ; ils s'en servirent, non contre nous, mais pour nous rendre la liberté et recouvrer la leur. Nos princes ont paru, et nous avons eu la paix.

C'est donc, après autant d'efforts, une chimère de croire au retour de la tyrannie. Cette domination de fer, sous laquelle gémissait le globe, nous servira sans doute d'expérience ; et nous ne serons pas tentés de passer par de nouvelles et aussi rudes épreuves que celles auxquelles nous avons été soumis. Non, *ce soldat audacieux*, qui n'était pas même français, mais qui osa s'asseoir sur le trône des Bourbons, traitant d'égal à égal avec les Souverains ; cet homme à qui l'on prêtait des sentimens généreux avant qu'il eut osé saisir d'une main sacrilége une couronne qui avait ceint le front de tant d'illustres Monarques ; qui, à force de ruses et d'hypocrisie, voulut changer ses vices en vertu, mais qui ne put jamais tromper qu'un sot vulgaire, ne ralliera plus désormais, sous ses drapeaux flétris, de nouvelles phalanges pour dévaster une seconde fois le monde. Après avoir abusé de son pouvoir tyrannique pour entraîner vers des régions lointaines , et ensevelir sous les glaces du Nord tant de valeureux soldats , toujours vainqueurs dans les combats , tant de braves guerriers qui avaient concouru à son élévation , qu'il aurait dû considérer comme les fermes soutiens de son trône ; quel serait le peuple assez insensé pour lui donner sa confiance , quand il vient d'abuser aussi indignement de la nôtre , quand il a compromis les intérêts , le repos , l'honneur de plus de vingt-cinq millions d'hommes ? Le ciel n'a pas atteint cette tête criminelle ! Tant de crimes , de meurtres , d'assassinats demeurent impunis ! Cet homme peut s'applaudir et jouir avec férocité du mal qu'il nous a fait ! Ah ! le ciel n'est pas juste , il devait atteindre le coupable : mais les décrets de l'Eternel sont incompréhensibles , ils surpassent en sagesse toutes les actions des hommes. Si le cœur de Napoléon est susceptible de remords , combien n'en éprouve-t-il pas aujourd'hui ? A un si grand coupable , il fallait un long supplice , et l'existence pour lui , sans doute , est le plus cruel qu'on ait pu lui infliger. Il expire vingt fois par minute : son tourment se renouvelle sans cesse sans qu'il puisse y apporter de soulagement. La patrie n'a donc plus rien à redouter ; l'influence de cet homme a cessé avec son pouvoir. Napoléon peut vivre , puisqu'il a bassement mar-

chandé la vie; ses généreux vainqueurs la lui
ont accordée et la lui garantissent; mais ce faux
grand homme, qui a paru un moment comme
un météore enflammé, menaçant d'ambrâser
le ciel et la terre, a disparu de même, pour rentrer dans le néant.

Son élévation fut rapide, sa chûte a été précipitée. Pourquoi? Parce que cet homme, qui
d'abord étonna l'Univers, qui donna au sortir
d'une crise épouvantable, des espérances si
belles qui ne se réalisèrent pas, dut, non-seule-
ment ses succès à son audace, mais encore au
courage d'un peuple devenu tout guerrier, qui
n'attendait qu'un chef digne de le commander,
et qui soupirait après un libérateur pour le sous-
traire au fer des assassins. Il avait besoin de
conseils, il permit à des hommes éclairés de
l'entourer, et il se laissa guider par eux dans
une carrière périlleuse qu'il parcourut à pas de
géant. S'il ne s'en fut jamais séparé, il aurait
autant travaillé à sa propre gloire qu'à celle de
la nation qui lui confiait ses intérêts, et qui re-
mettait entre ses mains ses destinées. Mais son
orgueil, et l'esprit de domination qui l'agitaient
sans cesse, ne lui permettaient pas de reconnaître des personnes dont le génie était supé-
rieur au sien. Il voulut régner seul, et il se
perdit. Son incapacité, son ignorance éclatèrent:

il se montra bientôt aussi mauvais général que mauvais politique. Sa fuite d'Egypte, l'abandon de ses troupes dans le désert, son insouciance sur leur sort, son retour en France sans plan fixe ni déterminé, le prouvent. Il sut à la vérité saisir l'à-propos et se placer hardiment où les circonstances le mettaient ; mais s'il monta sur le trône, s'il sut s'y maintenir quelque-temps , l'expérience atteste qu'il ne devait pas sa fortune à ses talens. Il n'a fait que s'apercevoir que le trône était vacant, son étoile l'y a lancé ; et fatigué par la tourmente révolutionnaire , personne n'a voulu le lui disputer. A peine y fut-il assis, qu'il travailla aussitôt à sa perte , formant projets sur projets, tous plus extravagans les uns que les autres, véritables conceptions d'un cerveau en délire, rêves bizarres d'un homme ivre de sa grandeur. Sa fuite précipitée de Moscow, celle de Leipsick ; cette défiance de soi-même dans les revers ; son inexpérience, son peu de talent à rallier ses troupes après une défaite ; sa constante insouciance pour des soldats qu'il menait au combat, qu'il abandonnait bientôt et qu'il mettait au rang des hommes inutiles, quand il les avait fait battre ; une retraite honteuse de huit cents lieues, phénomène dans les annales du monde ; son éloignement de la capitale quand ses propres intérêts exigeaient impérieusement sa présence ; enfin, sa chûte, tout prouve qu'il lui manquait les qualités nécessaires pour faire un grand homme. Sa gloire est donc illusoire, et la triste fin qui termine une carrière pendant laquelle il étonna le monde par un assemblage monstrueux et bizarre de crimes, de vertus, d'institutions sages , d'intentions louables, d'actions honteuses et dégradantes, de projets insensés, d'usurpations, d'asservissement et de dévastations, lui enlève à jamais celle qu'on ne pourrait lui contester, celle qu'il s'est acquise par quelque peu de bien qu'il a fait en encourageant et protégeant les arts et les monumens publics qu'il a élevés, sur lesquels il a imprimé d'une manière ineffaçable, un nom qu'il aurait illustré, s'il eût rendu au Souverain légitime un sceptre qu'il n'a pu garder lui-même. Mais ces grands travaux , entrepris dans le cours de son règne, ne peuvent qu'éterniser sa honte ; et sa mémoire n'en sera que plus odieuse, quand on réfléchira avec effroi que les profonds canaux qu'il a creusés suffiraient à peine pour contenir tout le sang qu'il a versé.

Soldats des armées d'Italie, du Nord et des Espagnes, c'est à vous que s'adressent également ces réflexions ; et si, parmi vous, il y avait encore quelques esprits égarés, elles pourront servir à les ramener. Vouloir mettre en doute l'obligation de vos devoirs, refuser de partager le vœu de la Nation, c'est un crime de lèze-majesté que vous ne devez pas commettre. Napoléon a démérité de la Patrie, de ses soldats; il doit être accablé du mépris de toutes les Nations dont il a voulu éterniser l'Etat de trouble et de souffrance ! Mais accoutumés à vivre dans les camps, à cueillir des lauriers que vous étiez loin de croire avilissans, parce qu'ils ne pouvaient l'être pour vous; l'honneur, l'amour, la gloire de votre Patrie étant les louables motifs qui vous faisaient sans cesse désirer d'en cueill r de nouveaux, et qui vous conduisaient à la victoire, vous redoutez l'inaction, vous craignez de voir votre gloire compromise, et vous accordez quelques regrets à un chef qui vous flétrissait tous !.... Pourquoi cette défiance envers un Gouvernement paternel et pacificateur? Des récompenses vous sont assurées, des honneurs vous sont accordés. Il sera toujours beau d'avoir versé son sang pour la Patrie. Vous êtes le premier ornement du trône ; et si, un jour, vous êtes appelés à de nouveaux sacrifices, c'est sur vous que le Roi compte ; vous avez mérité sa confiance, vous combattrez pour lui; on oubliera qu'ayant parmi vous tant de compatriotes si dignes du commandement, vous avez pu suivre aveuglément la fortune d'un étranger qui avait médité la ruine de l'Etat. Les désastres, que sa folie a entassés sur nous, ne laisseront pas de traces que nous ne puissions voir sans rougir; mais vous n'en êtes pas responsables. Ils nous ont appris seulement, en mettant nos armées aux prises avec un tel excès de maux , ce dont elles étaient capables à leurs derniers efforts, sous le poids de la misère et du nombre. Comparez ces désastres passés aux bienfaits incalculables de la paix. N'est-il pas temps enfin, de vous reposer ? Avez-vous renoncé aux douces sensations de la nature, aux tendres caresses d'une mère , aux chastes embrassemens d'une sœur ? La Patrie vous le permet, vous l'ordonne, vous pouvez voler au secours d'un père infirme, d'un vieillard respectable qui se réjouit de mourir dans les bras d'un fils qu'il chérit; c'est ce doux espoir qui le console de son absence et qui lui fait entrevoir avec moins d'effroi l'approche de la mort.

Le tyran qui vous arrachait impitoyablement de vos foyers, sans vous laisser aucun espoir d'y rentrer, en se déclarant lui-même indigne des plus nobles sacrifices, vous dégage de tous sermens à son égard. Vous ne lui devez point de reconnaissance; car il était votre bourreau, votre assassin. Votre vie était à sa discrétion;

et, devenus sa conquête, vous restiez ses esclaves. La proscription pesait sur votre tête, sur celle de votre famille; l'entrée de vos foyers vous était interdite; en mettant le pied sur le seuil de votre porte pour en sortir, il fallait dire un éternel adieu à tout ce que vous aviez de plus cher. Ensenceriez-vous plus long-temps un idole cruel et féroce, qui n'était jamais satisfait de vos offrandes, et qui exigeait sans cesse le renouvellement des sacrifices ! Tout cet attirail formidable dont il s'entourait a disparu comme lui. Dépouillé de tous prestiges, rentré par sa propre faute dans l'état d'obscurité d'où il sortait, quel intérêt maintenant peut-il inspirer? Hélas! sur le champ de bataille, vous en marquait-il ? Il n'a jamais versé une larme. Insensible à vos maux, lui qui les causait tous, il jugeait seulement qu'on s'était bien battu, par le nombre de morts et de blessés étendus sans mouvemens ou implorant vainement du secours. Il ne vous estimait qu'autant qu'il pouvait vous employer à l'exécution de ses projets : étiez vous réduits à ne pouvoir plus manier une arme meurtrière, pour soutenir ses folles prétentions, il vous abandonnait inhumainement à votre malheureux sort, et vous lui deveniez à charge. Quelle ingratitude !

De plus longs regrets sont donc inutiles, et tout votre amour doit être réservé pour l'auguste

Souverain qui nous gouverne. Sa profonde sagesse et ses soins paternels viennent de cicatriser nos plaies les plus profondes. Votre sang ne doit plus se répandre que pour les intérêts de cette auguste famille, que, des siècles de gloire et des années de souffrances ont immortalisée, mais qu'aucune tache n'a jamais flétrie. Ralliez-vous autour du trône; faites cause commune avec tous les gens de bien, et loin de prendre rang parmi les factieux, prouvez à votre Roi que le même esprit qui vous anima sous un chef qui vous fit servir à son ambition en vous persuadant vainement qu'il voulait la paix, vous anime encore aujourd'hui, et que vous ferez, tant pour l'honneur du trône que pour soutenir la gloire du nom Français, de nouveaux sacrifices avec un dévouement sans bornes, parce que vous n'en ferez plus d'inutiles.

Un jour nouveau brille pour nous de tout son éclat. Nous gémissions sous l'oppression; la tyrannie nous écrasait dans ces jours de deuil et de désolation, où la vertu était un crime, le bienfait un reproche, les plus doux sentimens de la nature une peine, la maternité une source de douleur. Mais nous touchons au bonheur ou plutôt nous en ressentons déjà toute la bénigne influence. Hier tout était souffrances, aujourd'hui tout est espoir. L'auguste descendant du

premier des Bourbons étend sur la France entière son égide paternelle; les lois protectrices
reprennent leur vigueur. Rassurez-vous, âmes
timides et craintives: la sagesse de Louis pour-
voira à la félicité de tous; elle est digne de toute
votre confiance. Louis ne se venge que par des
bienfaits. C'est ainsi que se vengeait le Roi, dont
la mémoire n'a pas cessé de faire couler nos
pleurs. Ce mot sublime (*je ne date que du
douze avril*), qu'il répondit à quelques courti-
sans qui paraissaient surpris qu'il reçût avec
bonté certains personnages qui s'étaient mon-
trés les ennemis les plus acharnés du trône, nous
garantit sa loyauté. Aussi son retour a-t-il été mille
fois célébré avec cette joie, cet enthousiasme
qu'inspire la vue d'un père longtemps attendu
de ses enfans.

C'est aux vertus d'un si grand Roi que la
France entière doit donc sa conservation, et ce
n'est pas à nos propres mérites que nous devons
la modération des puissances alliées. Il fallait
un titre aussi recommandable auprès d'elle, pour
mériter de nos vainqueurs magnanimes autant
d'indulgences; ils nous ont vaincus en générosité;
c'est la plus belle victoire qu'ils ont remportée
sur nous; car le sort de Moscow était réservé à
la capitale, si l'image de Louis, gravé dans le
cœur de ses dignes habitans, en remuant toutes

les sensations de leur âme aux approches de son
digne représentant, ne les eût fait courir au-
devant d'un père qui leur tendait les bras, qui
savait pardonner les offenses et qui pouvait dé-
tourner de dessus leur ville le dernier des fléaux.

Habitans de Paris, un seul cris s'est fait en-
tendre parmi vous, celui de l'honneur! vous
l'avez écouté, vous y avez obéi. En ouvrant les
portes de la première cité du monde à son légitime Souverain, vous lui avez conservé sa capitale, et vous avez ajouté à votre gloire. Vous
êtes devenus aussi célèbres que recomman-
dables parmi les Nations; vous avez acquis un
droit incontestable à la reconnaissance de tous
les Peuples. Détachant votre cause de celle du
tyran, de celui qui disait : Périsse plutôt mille
fois le monde entier, que de céder la moindre
de mes prétentions! Vous avez mis fin à cette
longue suite de maux qui devaient s'éterniser,
si vous n'eussiez contribué de toutes vos forces
à repousser de votre sein cet hydre dévorant qui
s'abreuvait de votre sang le plus pur, et qui
impitoyablement vous arrachait vos enfans,
vos parens, vos amis, ne vous laissant en pers-
pective que le plus affreux désespoir.

Mais un Roi bon, aussi généreux qu'indul-
gent, vient réparer les maux que vous avez
soufferts. Il connaît les besoins de son Peuple :

il n'y a nul sacrifice qu'il n'ait fait pour assurer sa félicité; c'est à lui seul qu'il faut rapporter tous les avantages dont nous jouissons maintenant, et l'éloignement de tous les maux qui nous accablaient; c'est par miracle que la France a échappé, dans un moment de crise et d'agonie, à cet état de faiblesse qui la mettait à la discrétion de ses ennemis, et ce miracle a été fait en faveur de Louis XVIII, dont les mains étaient pures de tout le sang versé depuis vingt-six ans. Le ciel nous l'a conservé comme le seul moyen d'expiation qui pût nous servir dans cette circonstance épouvantable; c'est lui qui prépara d'avance les autres monarques aux sentimens de modération qu'ils ont manifestés, et aux sacrifices qu'il a obtenus. Aujourd'hui, il ne s'occupe plus que du bonheur de ses sujets: son premier bienfait a été de nous donner une paix aussi solide qu'honorable à la Nation; sa première pensée fut de rendre justice aux opprimés, aux mères leurs enfans, et d'apporter des consolations aux affligés. Roi véritablement grand! vous le deviendrez encore plus, parce que vous voulez être juste. Aussi, les louanges qui s'élèvent de toutes parts jusqu'à vous, ne sont-elles plus dictées par la flatterie, c'est l'expression du bonheur, c'est celle de la reconnaissance.

FIN.